गुज़रते पल

यादों की कश्ती

भारतेन्दु विमल

BookLeaf Publishing
India | USA | UK

Made with ❤ on the BookLeaf Publishing Platform
www.bookleafpub.in
www.bookleafpub.com

Dedication

समर्पण

उन शांत पलों के लिए, जिन्होंने मुझे गढ़ा
उन अनकहे सत्यों के लिए, जिन्हें अंततः अपनी आवाज मिली
और हर उस धड़कन के लिए, जिसने मुझे महसूस करना सिखाया।

यह पुस्तक उन छायाओं को समर्पित है, जिन्होंने मुझे मजबूत बनाया
उस प्रकाश को, जिसने मेरे पथ को दिशा दी
और उन सभी लोगों को—चाहे पास हों या दूर
जिन्होंने मेरी बातों की कोमलता और अग्नि पर
उस समय भी विश्वास किया, जब मैंने स्वयं पर विश्वास करना नहीं सीखा था।

Preface

प्राक्कथन

यह काव्य–संग्रह अनुभव और भावना के बीच बसे उन सूक्ष्म
अंतरालों से जन्मा है।
वे स्थल जहाँ शब्द धीरे-धीरे इकट्ठा होते हैं,
बोलना सीखने से पहले, चुपचाप आकार लेते हुए।

इन पन्नों में मेरे जीवन–पथ के अनेक अंश सहेजे हैं
वे क्षण जिन्होंने मुझे कोमल बनाया,
वे तूफ़ान जिन्होंने मुझे नया रूप दिया,
और वे मौन में भीतर छिपे अर्थों को समझना आवश्यक हो गया था।

इन रचनाओं को लिखना अपने भीतर लौटने जैसा था।
उन सत्यों को सुनना जिन्हें कभी अनसुना कर दिया था,
और उस सहज–संवेदनशीलता को अपनाना जिससे मैं कभी भयभीत
हुआ करता था।

जब आप इन्हें पढ़ें, तो मेरे साथ चलें।
छाया और प्रकाश की गलियों से,
घावों और विस्मयों के बीच से,
उन सभी अनुभूतियों के मार्ग से,
जिन्होंने मुझे अधिक गहराई से महसूस करना
और अधिक ईमानदारी से जीना सिखाया।

ये कविताएँ केवल अभिव्यक्तियाँ नहीं हैं।
ये एक जीवन के खुलते पन्नों का प्रतिबिंब हैं,
एक हृदय की सीखने की यात्रा हैं,
और एक आवाज़ की कहानी हैं,
जो संसार में अपना स्थान खोजती रही है।

कामना है कि ये पंक्तियाँ आपके भीतर भी कहीं न कहीं
अपनी अनुगूँज पा सकें,
जहाँ भी आप अपने स्वयं के बनने की यात्रा पर हों।

Acknowledgements

आभार

इस सृजन की हर यात्रा प्रेम, धैर्य और अटूट सहयोग से प्रेरित है। यह पुस्तक भी इन मूल मानवीय मूल्यों से अलग नहीं है।

मैं अपने पिता, श्री कित्यों नंद मंडल (पूर्व रीडर, अंग्रेज़ी विभाग, टी.एम. विश्वविद्यालय) का हृदय से आभार व्यक्त करता हूँ, जिनकी दूरदृष्टि और विद्वत्ता ने मेरे मार्ग को सदैव दिशा दी। साथ ही अपनी माता, श्रीमती महारानी साहा (गृहिणी) जिनके असीम स्नेह ने इस संपूर्ण यात्रा में मुझे शक्ति प्रदान की।

विशेष धन्यवाद अपनी पत्नी प्रिया को, जो हर चुनौती में मेरे साथ दृढ़ता से खड़ी रहीं और जिनके सुझावों ने प्रारंभिक रूप से गढ़े गए विषयों को और बेहतर स्वरूप देने में महत्वपूर्ण भूमिका निभाई।

मैं अपनी प्यारी बेटी, आध्या, का भी हृदय से आभारी हूँ, जिसकी हँसी और जिज्ञासा मुझे निरंतर सिखाती है कि सीखने और नई बातें खोजने में कितना सौंदर्य छिपा होता है।
इन्हीं सबकी उपस्थिति, प्रोत्साहन और मुझ पर विश्वास ने इस पुस्तक को साकार होने का अवसर दिया है।

1. हमारे कस्बे की वो सुनहरी यादें

छोटा कस्बा, माटी महके,
हर दिन लागे तिहार,
धूप-छाँव में बीता बचपन,
सादा, पावन संसार।

पाठशाला की कच्ची गलियाँ,
हँसी बजे हर छाँव,
पेड़ों नीचे मित्रों संग
मन पाए विश्राम।

रूठ-रिसाव, छोटी तकरार,
शाम ढले सब सुलहाय,
हँस-हँस फिर से हाथ मिले,
यारी गीत सुनाय।

माँ-बाबा का मीठा डर था,
गुरुजन की पैनी दृष्टि,
फिर भी सपनों ने भर दी
मन-आकाश की सृष्टि।

बड़े नगर की बातें सुन
मन में उठे हिलोर,
परदेसों की चमक देख
आँखों में बस जाए चोर।

साँझ पड़ी तो मैदान जागे,
खेलों का हो शोर,
जीत-हार से बढ़कर तब
मिलना लगता भोर।

तिहार आए तो हम ही मिलकर
सजाते पूरा गाँव,
मूरति गढ़ते, पंडाल बाँधते,
संग-संग बने हर ठाँव।

नन्हे हाथों बड़े काम कर
दिल में जगे उजास,
आज तलक वह गरमी दे
स्मृति की हर साँस।

रात अँचरा ओढ़े दादी
चाँद-कथा सुन जाए,
इतवारिया पर परदे संग
हँसी बरसाए।

उन दिनों ने यह सिखलाया–
सुख सादा, अनमोल,

स्नेह, संगत, भरोसे में
बसता जीवन डोल।

आज तलक मन दीप जलाए
बचपन का वह गाँव,
सच्चा, सीधा, लोक-सुरों में
बसता मेरा ठाँव।

2. संघर्ष से आत्मबोध तक

कच्चे रास्तों से चला था मैं,
पैरों में सपनों की धूल लगी,
हर मोड़ ने मुझसे कुछ माँगा,
हर ठोकर कोई सीख बनी।

भीड़ भरे मेलों में भी अक्सर,
मन अपना सूना-सा पाया,
खामोशी की ओट में बैठा,
खुद से पहला परिचय पाया।

कभी हार ने झुकना सिखाया,
कभी इंतज़ार ने धीरज दिया,
हर गिरने ने उठना सिखाया,
जीवन ने खुद को सींच दिया।

धूप जली तो हौसला जागा,
छाँव मिली तो सब्र बढ़ा,
जैसे खेतों में बीज दबा हो,
वैसे मन भीतर अंकुर फूटा।

जो कुछ हूँ मैं आज यहाँ तक,
वो केवल जीत की कहानी नहीं,
हज़ार असफल रातों ने मिलकर
मेरे भीतर भोर रची कहीं।

आत्मबोध कोई अंतिम ठौर नहीं,
यह चलना है—रुकना नहीं,
हर दिन खुद से मिलने की चाह,
यही जीवन की सच्ची रही।

3. मिट्टी और समय

इस मिट्टी में पले-बढ़े हम,
यहीं से सपनों ने राह पाई,
कच्चे आँगन, धूल भरे पथ,
इनसे ही पहचान बनाई।

धीमे-धीमे चलता था समय,
जैसे बैलों की मंथर चाल,
हर मौसम में सब्र सिखाता,
हर दिन देता नया सवाल।

चौपालें थीं, हँसी बसी थी,
बातों में था अपनापन,
आज वहाँ पक्की सड़कें,
और सिमटता गया बचपन।

चिट्ठी की खुशबू याद आती,
लिखावट में थी आत्मीयता,
अब संदेश पल में पहुँचें,
पर घटती जाए गहराई-सीता।

पर मिट्टी आज भी कहती है,
मत भूलो अपना संस्कार,
मेहनत, सादगी, विश्वास से
लहलहाता है जीवन-भार।

नई पीढ़ी ने पंख सँवारे,
नई दिशाओं का है शोर,
पर जड़ें जो थामे रखे,
वही पहुँचे ऊँचाइयों की ओर।

समय बदला, रूप भी बदले,
पर सच इतना सा है आज—
थककर जब भी मन लौटे,
मिट्टी ही बनती विश्राम-साज।

4. गाँव से शहर

कंधे पर सपनों की गठरी रख,
चला मैं गाँव की डगर छोड़,
पीछे छूटे कच्चे आँगन,
माँ की ममता, छाँह की ओट।

खेतों ने मुझे मेहनत दी,
हवा ने दी सहने की शक्ति,
शहर ने सिखाया वक़्त का मोल,
और भाग्य ने दी नई दृष्टि।

गाँव में सूरज धीरे ढलता,
साँझ ठहरती पीपल तले,
शहर में दिन पल में बीतें,
घड़ी के काँटे तेज़ चले।

वहाँ नाम से पहचान होती,
यहाँ पहचान पहचान-पत्र,
वहाँ रिश्ते साँसों जैसे,
यहाँ समय सबसे भारी पत्थर।

पर गाँव की मिट्टी ने मुझको
हार न मानना सिखलाया,
शहर की आग में तपकर भी
मैंने अपना मन बचाया।

जब थक जाए मन इस शोर से,
और भीड़ लगे अनजानी,
नीम तले बैठी चुप साँझ
याद दिलाए घर की कहानी।

शहर में रहकर भी आज तलक
गाँव धड़कता साँसों में,
जो कुछ पाया, जो कुछ हूँ मैं–
सब उस मिट्टी के एहसासों में।

5. परिवार और विरासत

मिट्टी की खुशबू में पले हम,
आँगन में संस्कार जगे,
बड़ों की आँखों के सपने
हमारे पथ के दीप बने।

दादा की वाणी में इतिहास,
माँ की ममता में संसार,
पिता की मेहनत में छिपा
आने वाली पीढ़ी का आकार।

चूल्हे की आँच, रोटी की गंध,
साँझ ढले बैठकी रोज़,
यहीं से सीखे रिश्तों के
अनकहे, सच्चे अर्थ और बोझ।

थोड़ी डाँट, थोड़ा सा डर,
और ढेर सारा अपनापन,
इन्हीं से बनता है परिवार,
इन्हीं से टिकता है जीवन।

पीढ़ी बदलती, समय बदले,
पर मूल्य न बदलें कभी,
जो हाथ थामे अँधेरे में,
वही विरासत है सच्ची।

आज भले ही दूर निकल आए,
शहरों की ऊँची दीवार,
पर हर निर्णय के पीछे खड़ा
वही घर, वही संस्कार।

जो हम हैं, जो बन पाए हम,
वह केवल हमारा नाम नहीं,
यह उन सबकी साधना है
जिनकी साँसों से यह राह बनी।

6. समय और स्मृति

समय चला जैसे नदी बहती,
चुपचाप, बिना ठहरे कहीं,
और स्मृतियाँ रेत-सी रहीं,
मुट्ठी में थामी, छूटीं नहीं।

कभी धूप बने, कभी छाया,
यादों ने मन को ढाँप लिया,
जो बीत गया, वह लौट न सका,
पर मन में फिर भी काँप गया।

घड़ी ने हर पल आगे बढ़ना
हमको रोज़ सिखाया है,
स्मृति ने पीछे मुड़कर देखना
और खुद को पहचानाया है।

नीम तले बैठी दोपहरी,
पीपल की लंबी छाँह तले,
आज भी साँसों में बसी है
वह साँझ, वह बचपन, वे मेले।

समय ने सबको बदला है,
चेहरे, रिश्ते, हर व्यवहार,
पर स्मृति ने बचा के रखा है
मन का सच्चा संस्कार।

जो कल था, वह आज नहीं है,
जो आज है, वह कल बदलेगा,
पर स्मृति की छोटी गठरी में
पूरा जीवन ही सिमटेगा।

जब थक जाता है मन अक्सर,
इस तेज़ चलती दुनिया में,
यादों की राह पकड़ लेता हूँ
अपने ही बीते आँगन में।

7. आत्मसंवाद

साँझ ढले जब शोर थमे,
मन खुद से बातें करता है,
भीतर बैठा मौन कहीं
सच-झूठ सब खोलता है।

दिन भर पहने कितने चेहरे,
कितनी राहें, कितने भार,
रात की चुप्पी पूछ लेती
मैं हूँ कौन, और क्यों हूँ यहाँ।

कच्चे आँगन की यादों से
मन फिर साहस बटोरता है,
माँ की बोली, पिता की आँखें
राह दिखातीं, हौसला देतीं।

गलतियों से आँख मिलाकर
सीखने का साहस आता है,
हर ठोकर से डरने के बदले
चलना ही धर्म बन जाता है।

आत्मसंवाद कोई युद्ध नहीं,
यह अपने से मिलने की राह,
जहाँ स्वीकार, क्षमा और धैर्य
बन जाते जीवन की चाह।

जो भीतर शांत हो जाता है,
वह बाहर भी सच बोलता है,
अपने मन से जो हार न माने,
वही जीवन को जीतता है।

साँझ ढले जब दीप जले,
मन फिर मौन में उतर जाए,
खुद से की गई इन बातों में
जीवन का अर्थ उभर आए।

८. जीवन का उत्तरार्ध

धीरे-धीरे चलता अब जीवन,
जैसे संध्या की मंथर चाल,
दिन की भाग-दौड़ के बाद
मन ढूँढे शांति की ढाल।

कंधों से उतरने लगे हैं
बीते वर्षों के भारी बोझ,
अनुभव बनकर साथ चले
सफलता, विफलता, संतोष।

अब जीत का शोर नहीं भाता,
न ही हार से मन घबराए,
जो मिला, उसे सहेज लिया,
जो छूटा, वह समझ आ जाए।

कच्चे आँगन, नीम की छाया,
चूल्हे की मद्धिम-सी आँच,
इनमें ही दिखता अब जीवन,
साधारण में छिपा वितान।

संतानों की उड़ान देख
मन मौन-सा मुस्काता है,
बीज जो बोए थे समय ने,
उनका फल अब दिख जाता है।

कुछ कम बोलना सीख गया हूँ,
ज़्यादा सुनने की आई रीत,
हर दिन को आशीष मानकर
जीने में ही अब है प्रीत।

उत्तरार्ध कोई अंत नहीं,
यह ठहराव का सुंदर गीत,
जहाँ जीवन खुद से कहता है—
अब शेष है बस शांति और प्रीत।

9. प्रार्थना और कृतज्ञता

हे जीवन के रचयिता,
तुझसे बस इतना माँगूँ आज,
जितनी राह दिखाई अब तक,
उतनी ही दे आगे भी साज।

जो मिला, उसके लिए आभार,
जो छूटा, उसका भी मान,
दोनों ने ही मुझे गढ़ा है,
दोनों से पाया पहचान।

कच्चे आँगन, मिट्टी, पानी,
सूरज, हवा, खेत, किसान,
इन सबकी छाया में पलकर
सीखा जीवन का सम्मान।

गलतियों पर क्षमा दे देना,
सत्य-पथ से न डिगने देना,
अहंकार के ऊँचे घर से
मुझे सदा दूर ही रखना।

जो भूले हैं, उन्हें याद करूँ,
जो रूठे हैं, उन्हें मनाऊँ,
मेरे शब्द किसी का बोझ न बनें,
ऐसी वाणी मुझे सिखाऊँ।

साँझ ढले जब दीप जले,
मन तुझमें विलीन हो जाए,
कृतज्ञता के इस भाव संग
हर नया सवेरा मुस्काए।

जो भी हूँ, जो भी पाया है,
तेरी ही तो देन रही,
हे प्रभु, इस अंतिम यात्रा में
बस तेरी शरण बनी रही।

10. आशा और भविष्य

बीते कल की राख समेटे,
आज नया बीज बोया है,
मिट्टी ने फिर भरोसा दिया—
हर अंत नया सवेरा लाया है।

थके क़दमों को विश्राम मिला,
पर सपनों ने न चैन लिया,
जो टूटा था, उससे ही हमने
आगे बढ़ने का साहस लिया।

खेतों में जैसे फसल उगे,
मेहनत के हर एक भाव से,
वैसे ही भविष्य गढ़ता है
इंसान अपने विश्वास से।

आशा कोई कोरी चाह नहीं,
यह धैर्य की लंबी राह,
हर कठिन मौसम में भी
जो थामे रखे मन की चाह।

नई पीढ़ी के उजले सपने
आँखों में दीप जलाते हैं,
हमारे अनुभव उनके पथ को
चुपचाप रोशनी दिखाते हैं।

समय बदलता, दौर बदलते,
पर सच इतना सा है आज–
जो जड़ों से जुड़ा रहता है,
वही रचता भविष्य का साज।

कल जो आए, वह मंगल हो,
यही मन की साधी कामना,
आशा के संग आगे बढ़ना–
यही जीवन की सच्ची प्रार्थना।

11. पुराने दोस्त

कच्ची गलियों में साथ चले,
कंधे से कंधा जोड़ के हम,
न जाने कब से जानते थे
एक-दूजे के हर मौसम।

खेल-खेल में वादे गढ़े थे,
हँसी में दुनिया सिमटी थी,
छोटी-छोटी बातों पर भी
दोस्ती गहरी बुनती थी।

कभी रूठे, कभी मनाए,
पर दूरी देर तक न रही,
एक आवाज़, एक पुकार में
सारी नाराज़गी ढह गई।

समय बढ़ा, राहें बदलीं,
शहरों ने सबको बाँट लिया,
पर जब भी आँखें बंद हुईं,
वही मैदान फिर लौट लिया।

आज महीनों, बरस बीतें,
मुलाक़ातें कम हो गईं,
पर मन के किसी कोने में
यारी अब भी थामे रही।

न नंबर चाहिए, न पहचान,
बस नाम पुकारे चल जाए,
पुराने दोस्त—वो आईना हैं
जिनमें बीता कल मुस्काए।

थककर जब भी लौटे मन,
इस दुनिया की दौड़-भाग से,
पुराने दोस्त याद आएँ—
सच्चे रिश्तों की सौगात से।

12. आत्ममंथन

साँझ ढले जब गाँव सो जाए,
और दीप टिमटिमाने लगें,
मन खुद की चौपाल रच लेता,
जहाँ प्रश्न पुराने जागें।

दिन भर निभाए जो चेहरे थे,
उनसे परदा धीरे हटता,
भीतर बैठा सच तब अक्सर
चुपचाप सामने आ जाता।

कच्चे आँगन की मिट्टी-सी
सोचों की परतें खुलती हैं,
गलत-सही की इस उलझन में
अनसुनी बातें सुनती हैं।

कभी लगे—कम दे पाया हूँ,
कभी लगे—कुछ ज़्यादा चाहा,
हर सवाल ने मुझे सिखाया
खुद को ही बेहतर समझना।

गलतियों को गिनने के बदले
उनसे सीख बटोरी जाए,
जैसे खेतों में सूखी मिट्टी
बरखा पाकर हरसाए।

आत्ममंथन कोई दंड नहीं,
यह अपने से मिलने की रीत,
जहाँ स्वीकार, धैर्य, करुणा
बन जाते जीवन की प्रीत।

जो खुद को साफ़ देख सका,
वह जग से आँख मिला पाए,
भीतर की इस सच्ची यात्रा से
मन हल्का, पथ उजला हो जाए।

13. अकेलापन और शांति

साँझ उतरते ही गाँव चुप,
आँगन में फैलती तन्हाई,
पर उस सन्नाटे की गोद में
मन ने शांति की राह पाई।

दिन भर की भीड़, बातें, बोझ,
रात ने सबको हर लिया,
अकेलापन तब दुख नहीं रहा,
वह मन का साथी बन गया।

नीम तले बैठी खामोशी
कुछ अनकहे किस्से कहती,
हवा, दीया, और मन की धड़कन
मिलकर सच्ची धुन रचती।

जहाँ कोई देखने वाला न हो,
वहीं खुद से सच मिलता है,
भीतर की इस निस्तब्धता में
मन अपना रूप पहचानता है।

अकेलापन कोई खालीपन नहीं,
यह आत्मा का विश्राम है,
जैसे दिन भर चलकर थका पथ
साँझ को पाता ठहराव है।

जो इस सन्नाटे से डर न सका,
वह जीवन को समझ गया,
शांति के इस कोमल आलोक में
हर प्रश्न अपना उत्तर पा गया।

14. मौन

सावन उतरे मन-अँगना,
बोले न बोले बात,
मौन कहे सब अंतर की
बिन शब्दों हर बात।

नीम तले ठहरी बदरी,
धीमी-धीमी छाँह,
चुपके से मन पढ़ लेती
आँखों की हर चाह।

माँ की ममता मौन बनी,
पिता का मौन उपदेश,
बिन बोले ही सिखला जाए
जीवन का हर संदेश।

खेतों में लहराए धान,
बूँद-बूँद बोले राग,
मौन की इस बरखा में
धुल जाए मन का दाग।

जहाँ शब्द थककर हारें,
वहीं मौन हो मीत,
सन्नाटे की इस कजरी में
बसती जीवन-प्रीत।

जो इस मौन को सुन ले,
वह खुद को पहचान जाए,
बरखा की इस भाषा में
मन हर ऋतु गा जाए।

15. प्रतीक्षा

सावन झुका बदरिया आई,
आँगन भीगे, मन सूना,
बाट जोहे नयन हर पल,
अब तो आओ साजन रूना।

नीम तले पिया की राहें,
दिन गिने, गिनती रात,
पल-पल बीते भारी-भारी,
बिन संदेश की हर बात।

कजली बोले मन की पीड़ा,
बूँद-बूँद बनकर गिरे,
बादर संग ये आँसू बहें,
मन के द्वार सभी निखरे।

माटी पूछे कब आओगे,
पीपल झूले पूछें हाल,
हर पत्ती में बसी प्रतीक्षा,
हर साँस बनी इक सवाल।

शब्द थमे, दीपक काँपे,
साँझ सिमट आए गाँव,
प्रतीक्षा भी प्रेम बन जाए,
जब मिलन का हो ठाँव।

आओ तो ये सावन हँसे,
आओ तो सजे संसार,
इस कजरी की हर तान में
बसता मिलन का इंतज़ार।

16. स्मृति

नीम तले वो हँसी गूँजे,
खेल, पगडंडी, बात,
माटी बोले नाम पुकारे,
जागे मन की हर बात।

सावन उतरे मन-अँगना,
यादों की बदरी छाई,
बीते दिन फिर लौट आए,
भीगी-भीगी पुरवाई।

कागज़-सी पुरानी चिट्ठी,
खुशबू अब भी साथ,
लिखावट में धड़क रहा
बीता कल, हर बात।

धान के संग लहराए सपने,
मेड़ों पर थमी कहानी,
हर बूँद में यादें बहतीं,
बरखा बोले बानी।

जो छूट गया, वह दूर नहीं,
मन में आज भी पास,
स्मृति बनी जब साँसों में
मिट जाता हर उपवास।

इस कजरी की हर तान में
बीता कल मुस्काए,
यादों की इस बरसात में
मन फिर से भीग जाए।

17. समय

बचपन की कच्ची गलियाँ
आज बनीं पक्की राह,
समय ने हाथ पकड़ सिखाया
चलना, थकना, चाह।

घड़ी नहीं, सूरज गिने
दिन-रात का सच्चा मान,
छाँह-धूप संग चलता जीवन,
समय वही पहचान।

सावन बीते, भादो आया,
समय न ठहरे एक पल,
मेड़ बदलें, धान पके,
मन भी बदले हर क्षण-छल।

जो बोया, वही काटा है,
समय सिखाए भेद,
मेहनत की हर बूँद में
छिपा भविष्य का वेद।

न रुके यह बहती धारा,
न लौटे बीता काल,
पर जो मन को थामे रखे,
उसका उजला हर हाल।

इस कजरी की हर तान में
समय बोले धीरे-धीरे,
जो समझे उसकी चाल को
वह जीए पूरे-पूरे।

18. कर्म

बीज जो बोया माटी में,
वही बने फल-फूल,
कर्म लिखे जो जीवन-पथ,
समय पढ़े हर मूल।

हाथों की ये रेखा नहीं,
मेहनत का है मान,
पसीने से जो धरती सींचे,
वही रचे पहचान।

धूप-साँझ, बरखा-सावन,
किस्मत सब सह जाए,
पर जो डटा रहे कर्म में,
वह हर मौसम गाए।

खेतों में हल की चाल कहे,
चुपचाप कर्म की बात,
जो चुप रह कर काम करे,
वही पाए सौगात।

फसल कटे या सूखा पड़े,
कर्म न बदले चाल,
नियत सच्ची, मन धीरज–
यही जीवन का सार।

इस कजरी की हर तान में
कर्म का गहरा गान,
जो बोए, वही पाए–
यही धरती का ज्ञान।

19. त्याग

माँ ने आधी रोटी खाई,
बच्चे को दी पूरी,
त्याग की चुप सी भाषा में
बसती दुनिया पूरी।

बाबा ने धूप ओढ़ी रोज़,
छाँह हमें मिल जाए,
अपने सपने मोड़ दिए
ताकि हम आगे जाएँ।

दीये ने खुद को जलाया,
तब आँगन उजियार,
त्याग बिना कोई दीपक
कहाँ करे उजास।

खेती में जो बीज गला,
वही बने आधार,
अपना छोड़ जो और सँवारे,
वही सच्चा सार।

कभी नाम न माँगा उसने,
न चाही कोई मान,
त्याग सिखाता चुप रहकर
जीवन का सम्मान।

इस कजरी की हर पंक्ति में
त्याग बहे धीमी धार,
जो कुछ खोकर सब पा ले,
वही जीवन का सार।

20. आस्था

माटी माथे, जल अंजुरी,
भोर करे पुकार,
आस्था के संग जागे मन,
दिन हो जाए पार।

तोरण बाँधे नीम तले,
दीप जले हर साँझ,
मन-मंदिर में बैठी आस्था
बिन बोले सब काज।

घंटी-शंख न पूछे जाति,
न माने ऊँच-नीच,
आस्था तो नदिया जैसी,
सबको देती सींच।

बीज गिराए खेत में जब
किसान करे विश्वास,
मेघ सुने उस मौन प्रार्थना,
खोले बरखा पास।

सूनी राह, अँधियारी रात,
पग-पग थामे हाथ,
आस्था कहती—रुक मत साजन,
दीप बनो हर रात।

टूटे सपने, बिखरे आँसू,
फिर भी मन न हार,
आस्था में बाँधी हिम्मत
ले जाए भव-पार।

इस कजरी की हर तान में
भक्ति, भरोसा, सार,
आस्था वह लोक-धुन है
जो रखे जीवन तार।

21. प्रार्थना

भोर भई, तुलसी आँगन,
दीप जला हर द्वार,
हाथ जुड़ाए मौन खड़ा मन,
सुन ले हे करतार।

शब्द न माँगे, स्वर न चाहे,
आँख कहे अरदास,
प्रार्थना वह साँस है
जो जोड़े टूटे विश्वास।

खेत सूखे, पाँव थके हैं,
फिर भी मन न डोले,
प्रार्थना की भीगी बोली
मेघों से कुछ बोले।

माँ के आँचल जैसी होती
सच्ची हर पुकार,
छुपके-छुपके ईश्वर सुन ले
मन का हर विस्तार।

न सोना, न चंदन माँगे,
न ऊँचा कोई स्थान,
प्रार्थना बस इतनी चाहे–
सच में टिके इंसान।

दुख की रात लम्बी हो तो
दीप बने हर श्वास,
प्रार्थना के संग कटे
अँधियारा, विषाद।

इस कजरी की हर तान में
विनती, विश्वास, प्रकाश,
प्रार्थना वह लोक-धुन है
जो रखे जीवन पास।

www.ingramcontent.com/pod-product-compliance
Lightning Source LLC
Chambersburg PA
CBHW070648240926
51846CB00003BA/832
9789375104391